BEI GRIN MACHT SICH IHR WISSEN BEZAHLT

AF155069

- Wir veröffentlichen Ihre Hausarbeit, Bachelor- und Masterarbeit

- Ihr eigenes eBook und Buch - weltweit in allen wichtigen Shops

- Verdienen Sie an jedem Verkauf

Jetzt bei www.GRIN.com hochladen und kostenlos publizieren

Johannes Keller

Rolle der politischen PR

GRIN Verlag

Bibliografische Information der Deutschen Nationalbibliothek:

Die Deutsche Bibliothek verzeichnet diese Publikation in der Deutschen National-
bibliografie; detaillierte bibliografische Daten sind im Internet über http://dnb.d-
nb.de/ abrufbar.

Impressum:

Copyright © 2010 GRIN Verlag, Open Publishing GmbH
Druck und Bindung: Books on Demand GmbH, Norderstedt Germany
ISBN: 978-3-640-98461-9

Dieses Buch bei GRIN:

http://www.grin.com/de/e-book/177022/rolle-der-politischen-pr

Seminar: Medien als Akteure und Instrumente in der politischen Kommunikation

Veranstaltungsnummer:

Modul:

Trimester: Frühjahrstrimester 2010

HELMUT SCHMIDT
UNIVERSITÄT
Universität der Bundeswehr Hamburg

Rolle der politischen PR

- eine schriftliche Ausarbeitung des Referates des Seminares
„Medien als Akteure und Instrumente in der politischen
Kommunikation" an der Helmut Schmidt Universität,
Universität der Bundeswehr Hamburg vom 26.05.2010 -

Johannes Keller

SFB 2B/ Studentenjahrgang 2007 Hamburg, .2010

Inhaltsverzeichnis

1. Einleitung

Gerhard Schröder, ehemaliger Bundeskanzler von 1998 bis 2005, sagte einst: „Zum Regieren brauche ich nur Bild, Bams (Bild am Sonntag) und Glotze".[1] Die Aussage dieses Zitates, welches gleichzeitig die vorliegende Arbeit einleitet, besitzt auch heute noch einen hohen Stellenwert, obwohl der Bezug, die Medien als politisches Sprachrohr erfolgreich zu nutzen, vielschichtiger erscheint, als zunächst angenommen.[2] Ziel der Arbeit ist es, diese Komplexität in Form einer schriftlichen Ausarbeitung aufzuzeigen, welche sich auf das am 26.05.2010 durchgeführte Referat des Seminares „Medien als Akteure und Instrumente in der politischen Kommunikation" an der Helmut Schmidt Universität, Universität der Bundeswehr Hamburg, von *Dr. Hans-Joachim Reeb* bezieht.

Ziel der vorliegenden Arbeit ist es, dem Leser die Rolle der politischen PR im Beziehungsgeflecht der Instanzen Politik und Medien in Form einer schriftlichen Ausarbeitung des Referates vom 26.05.2010 aufzuzeigen. Der begrenzte Umfang der Arbeit lässt eine detaillierte Auseinandersetzung mit der Thematik der politischen PR bedauerlicherweise nicht zu. Deshalb wird bereits an dieser Stelle auf die Notwendigkeit verwiesen, weitere Bestrebungen der Recherche zu betreiben, um das umfangreiche Themengebiet der politischen PR konstruktiv zu erfassen. Eine schriftliche Ausarbeitung reicht dafür nicht aus. Sie besitzt daher eher einen deskriptiven Charakter und verhilft dem Leser, einen Einstieg in die Materie zu erhalten.

Nachdem ein Einstieg erfolgt ist, soll nun die Struktur der Arbeit aufgezeigt werden. Kapitel zwei kennzeichnet die Beziehung zwischen der Öffentlichkeitsarbeit und dem Journalismus. Im Vordergrund stehen in diesem Zusammenhang die symbiotische Beschaffenheit der Wechselbeziehung, aber auch die wissenschaftlichen Ansichten und Diskursansätze zur Beschreibung des Verhältnisses. Im Anschluss daran, erläutert das dritte Kapitel, wie die Überschrift schon verrät, die Merkmale, Besonderheiten sowie die Funktion der politischen PR und liefert eine Definition.

Das Fazit in Kapitel fünf schließt die schriftliche Ausarbeitung ab und fasst nochmals alle wichtigen Fakten zusammen. Hinzu kommt, dass der Versuch unternommen wird,

---

[1] Die Presse-com (2008): Regieren mit Bild, BamS und Glotze. [online] URL: http://diepresse.com/home/kultur/medien/412076/index.do [Stand: 16.08.2010].

[2] Vgl. Böttger, (2003): Politische Public Relations. [online] URL: http://www.diplom.de/Magisterarbeit-7947/Politische_Public_Relations.html [Stand: 17.08.2010].

mit den bis dahin gewonnenen Erkenntnissen, Stellung zum oben erwähnten Zitat von Gerhard *Schröder* zu nehmen.

2. Beziehung zwischen Politik und Journalismus - unterschiedliche Ansichten der Kommunikationswissenschaft

Die Resonanz politischer Öffentlichkeitsarbeit kann je nach Situation variieren. Dies zeigt zumindest die empirische Forschung. Politische Bekanntmachungen und PR-Aktivitäten politischer Organisationen stellen trotz alledem einen nicht zu unterschätzenden Teil des Nachrichtenmaterials für die Medien zur Verfügung.[3] Somit trägt die politische Öffentlichkeitsarbeit dazu bei, dass die Medien ihre Informationsfunktion erfüllen und die Bürger ihr Informationsrecht wahrnehmen können. Demzufolge kann schon an dieser Stelle davon gesprochen werden, dass die Beziehung zwischen Politikern und Journalisten auf Gegenseitigkeit beruht und auf Informationstausch angelegt ist.[4] „Informationen werden gegen Publizität und Einfluss getauscht".[5] Inwiefern diese wechselseitige Beziehung definiert bzw. zu bewerten ist, soll im Folgenden erläutert werden.

Die Beziehung zwischen den Medien und der Politik wird in der Literatur oftmals als symbiotisch dargestellt oder als Form der Kumpanei kritisiert. Meist kommen essentielle Informationen nur durch den informellen Kontakt zwischen Politikern und Journalisten, welcher allgemein als „Hintergrundgespräch" oder als „Gespräch unter drei" bezeichnet wird, zustande. Zum einen ist diese Informationsquelle für die Journalisten relevant, weil sie über den Weg des Hintergrundgespräches an Informationen gelangen, welche sie durch die normale Recherche nicht erhalten würden. Die Absender derartiger Informationen werden zumeist umschrieben mit „unterrichtete Kreise", „die Umgebung der Bundeskanzlerin", „wie die Zeitung zuverlässig erfahren hat" oder „in Berlin gilt als sicher" etc. Zum anderen liegt der Vorteil derartiger Hintergrundgespräche als Instrument der Einflussnahme beim Politiker selber. Politiker können folgerichtig die Resonanz politischer Themen im engen Kreis der Journalisten testen und allgemein an wichtige Informationen gelangen, die sie ohne diese symbiotische Wechselbeziehung nicht erhalten würden.[6]

Diese geschilderte Wechselbeziehung mündet oftmals in einer besonders engen „Kommunikations- und Interaktionsgemeinschaft" von Journalisten und Politikern. Die

---

[3] Vgl. Schulz, 2008, S. 317.

[4] Ebd.

[5] Schulz, 2008, S. 317.

[6] Vgl. Schulz, 2008, S. 318.

Untersuchung von *Patzelt* (1991) belegt, dass Abgeordnete mit den Medien weit mehr Kontakte pflegen als mit anderen Organisationen. Politiker nutzen die Kontakte, um in „Hintergrundgesprächen" ihre Interpretation der politischen Lage zu verdeutlichen.[7]

Exemplarisch soll im Folgenden ein Fallbeispiel die beschriebene Ausführung hervorheben sowie verdeutlichen.

> Der oben bereits zitierte *Gerhard Schröder* lud zu seiner Regierungszeit auf die Terrasse seiner Privatwohnung im Kanzleramt Journalisten zum Mittagessen ein. *Gerhard Schröder* ließ sich währenddessen zu Politik, Privatleben und seiner Partei aus. Doch keiner der Journalisten hat Einzelheiten dieser Ausführungen *Gerhard Schröders* in irgendeiner Weise veröffentlicht, weil man sich „unter drei" getroffen hat. Diese Bezeichnung steht in der Medienwelt dafür, wenn Politiker mit Journalisten ungeschützt reden und sich austauschen wollen, ohne im Nachhinein mit Schlagzeilen rechnen zu müssen.
>
> In Berlin existieren Dutzende solcher Hintergrundkreise, die für die Organisation derartiger Begegnungen verantwortlich sind.[8]

Wie das Fallbeispiel belegt, ist der Politik und den Medien daran gelegen, die Beziehung untereinander aufrechtzuhalten. Die Vorteile einer solchen Wechselbeziehung liegen auf der Hand. Einerseits erfahren die Medien aus erster Instanz die politischen Beweggründe, bekommen Informationen geliefert und haben damit die Möglichkeit, Schlagzeile zu machen. Anderseits entstehen durch die hier umschriebene Abhängigkeit Spannungen und Konflikte. Diese Spannungen spiegeln sich dahingehend wider, dass die Medien nicht beliebig darüber entscheiden können, welche Informationsangebote der Politik sie verwenden, weil sie auf die Nachrichtengebung politischer Akteure angewiesen sind. Ein weit aus bedeutenderer Grund für das Aufkommen indirekter Spannungen bzw. für die geäußerte Kritik ist die Beschränkung der journalistischen Handlungsfähigkeit aufgrund gezielter Instrumentalisierung der Medien durch politische Quellen. Handlungsautonomie, neutrale Berichterstattung, die Ausübung als Kontroll- und Kritikfunktion sind Kernelemente und Basiswerte des Journalismus, welche nur schwer im Einklang mit

---

[7] Vgl. Schulz, 2008, S. 318.

[8] Vgl. Baumer, 2003.

der vermeintlichen Instrumentalisierung der Medienwelt durch die Politik zu bringen sind.[9]

Hingegen existieren gewisse Reziprozitätseffekte aufgrund der Interaktion zwischen Politikern und Journalisten. Demnach hat politische Öffentlichkeitsarbeit nicht nur Einfluss auf die Medien, sondern gleichermaßen auf die Politik. Die politische PR orientiert sich an der Medienlogik und fördert die Medienlogik der Politik. In anderen Worten passen sich die Politik und ihre politische PR den Medien an.[10]

Diese Schilderung im wissenschaftlichen Diskurs reflektiert nach Angaben der verwendeten Literatur die Norm und wird deshalb auch mit normativer Dimension umschrieben.[11]

Darüber hinaus bestehen in der Kommunikationswissenschaft weitere Ansichten über das Verhältnis zwischen Politik und Medien, welche pragmatisch oder antagonistisch geprägt sind. Den Autoren, die das Verhältnis zwischen politischer Öffentlichkeitsarbeit und Journalismus als antagonistisch darstellen, geht es in erster Linie um eine Bewertung der Beziehungen. Eine der antagonistischen Perspektiven besagt, dass die Medien durch die Politik bestimmt, in mancher Hinsicht sogar gelenkt oder beherrscht werden. Zur Beurteilung des Verhältnisses zwischen Politik und Medien müssen die Kriterien der Medienfreiheit und -unabhängigkeit immer im Vordergrund stehen. Besonders innerhalb eines demokratischen Staates muss die Unabhängigkeit der Medien von politischen Instanzen bestehen, damit die Medienwelt auch weiterhin die öffentliche Aufgabe, welche sie inne hat, wahrnehmen kann.[12]

Hingegen besagt eine andere Perspektive, die meist von Politikern vertreten wird, dass die Mediendependenz der Politik im Vordergrund steht. Für diejenigen, welche diese Ansicht haben, ist das Kriterium wiederum ein anderes. In diesem Zusammenhang liegt der Fokus auf der Funktionsfähigkeit der Politik. Nur durch politische Kommunikation, durch die Möglichkeit, sich mitzuteilen, politische Positionen und Absichten vertreten zu können sowie zu aktuellen Anlässen Stellung zu beziehen, ist es möglich eine parlamentarische Demokratie zu führen. Die Medien fungieren daher als Art

---

[9] Vgl. Schulz, 2008, S. 319.
[10] Vgl. Schulz, 2008, S. 320.

[11] Ebd.

[12] Ebd.

untergeordnetes System, welches der Politik nützt. Am ehesten trifft es jedoch die Formulierung der Vermittlungsinstanz zwischen Politik und Bürgern.[13]

Wie die beiden extremen Positionen bzw. Perspektiven demonstrieren, liegen ausschließlich Grundprämissen vor. Einerseits die Autonomie der Medien, anderseits die Sicherung politischer Ordnung. Eine Modellvorstellung, die beiden Positionen miteinander zu verbinden, mündet darin, dass die Medienautonomie nicht durch Verwendung der Informationen aus politischer Öffentlichkeitsarbeit beschränkt wird und umgekehrt die Eigenleistung des Journalismus mit einer hohen Qualität einhergeht.[14] „Es kommt vielmehr darauf an, wie die Medien mit den PR-Angeboten umgehen, wie aktiv sie weiterverarbeitet werden und durch Eigenrecherche überprüft werden".[15]

Theoretiker, welche die pragmatische Ansicht vertreten, argumentieren, dass politische Öffentlichkeitsarbeit in Demokratien wichtige Funktionen erfüllen. Die PR stellt demzufolge ein unverzichtbares Bindeglied bei der Herstellung von Öffentlichkeit durch die Massenkommunikation dar, denn die Medien können ihre Publizitätsfunktion ohne PR nur sehr schwer wahrnehmen. Ebenso ist freilich nicht abzustreiten, dass die PR zu den eigentlichen Stofflieferanten für die Medienorganisationen gehören. Weiterhin zeigt die Realität, dass die Bürger sich über politische Ziele, Entscheidungen, Vorhaben etc. informieren können, was erheblich durch die politische Öffentlichkeitsarbeit unterstützt wird. Somit steht die Behauptung, politische Öffentlichkeitsarbeit begünstigt die Teilhabe der Bürger an der Politik, nicht nur bloß im Raum. Sie besitzt damit Legitimation genug. Vergessen werden darf jedoch nicht, dass sich die Medien keinesfalls neutral gegenüber Öffentlichkeitsarbeit oder anderen Quellen der Information verhalten. Sie medialisieren die Informationen höchst selektiv.[16]

Trotz der pragmatischen oder antagonistischen Ansicht zur Beschreibung der Beziehung zwischen Politik und Medien ist es schwer, eine Grundlage zu finden, auf der eine kritische Überprüfung weiterhin vorangetrieben werden kann.

Im folgenden Kapitel werden die Merkmale, die Legitimation bzw. Funktion der politischen PR beschrieben sowie eine Definition geliefert. Die politische Öffentlichkeitsarbeit wird nachfolgend vertieft behandelt, nachdem vorerst das

---

[13] Ebd.
[14] Vgl. Schulz, 2008, S. 321.

[15] Schulz, 2008, S. 321.

[16] Vgl. Schulz, 2008, 321-322.

Verhältnis zwischen Politik und Medien erläutert sowie die Funktionsstellung der PR zwischen diesen beiden Polen im Ansatz kenntlich gemacht wurde.

3. Merkmal, Zielsetzung, Funktion und Definition der politischen PR

Heutzutage ist es für einen politischen Akteur schwierig, sich Gehör zu verschaffen. Die politischen Themen stehen in hoher Konkurrenz zueinander. Aufmerksamkeit beim Publikum zu erzielen, gehört bei der Fülle an Informationen und der wachsenden Selektion der Medien zu den schwierigen Aufgaben eines Politikers. Dieser muss folglich interessanter, wichtiger, kompetenter, glaubwürdiger, vor allem aber glaubwürdiger erscheinen als seine politischen Konkurrenten. Aus dieser Gegebenheit wächst die Tatsache, dass die Politik mit Journalisten kooperieren muss, damit anhaltend Themen angeboten werden. PR-Stellen befassen sich mit der dargelegten Thematik, damit die politischen Akteure die aufgezeigten Problemfelder bestreiten können.[17] Ferner orientieren sich Politiker bzw. politische Akteure an sogenannten „Nachrichtenfaktoren". Darunter sind journalistische Kriterien zu verstehen, mit denen zwischen wichtigen und unwichtigen bzw. zwischen berichterstattenswerten und nichtberichterstattenswerten Ereignissen unterschieden werden kann. Ein Journalist trifft die Entscheidung der Themenauswahl meist auf Grundlage persönlicher sowie sozialer Werthaltung, beruflicher Normen und beruflicher Zwänge. Jedoch wird der Nachrichtenwert mit Hilfe der Nachrichtenfaktoren bestimmt. Den Nachrichtenfaktoren werden unter anderem die Frequenz des Nachrichtenereignisses, die Eindeutigkeit des Themas, Bedeutsamkeit, Überraschung, Konsonanz, Kontinuität, Personalisierung und noch weitere Faktoren zugeordnet.[18]

Involviert wird damit eine Anpassung der politischen Themenangebote an die Medien und dem Auswahlverhalten der Journalisten. Die Problematik dabei ist die medienwirksame Darstellung von komplexen Sachverhalten. Infolgedessen gewinnen Personalisierung, Symbolisierung und Inszenierung in der Politikdarstellung an Bedeutung.[19] „Komplexe Inhalte gilt es zu reduzieren".[20]

Die steigende Bedeutung von PR-Organisationen ergibt sich dementsprechend aus den nötigen Kommunikationskompetenzen im Umgang mit Journalisten, die zugleich zur

---

[17] Vgl. Schulz, 2008, S. 223.

[18] Vgl. Schulz, 2008, S. 224.

[19] Ebd.

[20] Schulz, 2008, S. 224.

Basis von derartigen Organisationen und Politikern gehören müssen, um die Medienbarrieren gering zu halten.[21]

Nachdem bereits im vorangegangenen Kapitel das Verhältnis zwischen Politik und Journalismus geschildert sowie der Begriff der politischen PR Verwendung fand und in diesem Kapitel die Notwendigkeit von PR-Maßnahmen diskutiert wurde, fehlt es an dieser Stelle immer noch an einer fundierten Definition der politischen PR. *Günther Bentele* (2002) definiert die allgemeine Public Relations bzw. das Synonym Öffentlichkeitsarbeit wie folgt:

> „Öffentlichkeitsarbeit oder Public Relations sind das Management von Informations- und Kommunikationsprozessen zwischen Organisationen einerseits und ihren internen oder externen Umwelten (Teilöffentlichkeiten) andererseits".[22]

Die allgemeine Öffentlichkeitsarbeit hat damit als Ziel, die öffentliche Meinung zu beeinflussen. Genauer formuliert, besitzt Public Relation im Kern die Intention Wissen, Meinungen oder Einstellungen bei einer Teilöffentlichkeit zu beeinflussen.[23]

Nun jedoch zur eigentlichen Zielsetzung und zum Inhalt der politischen PR. Im Kern ist die politische PR eine Form der persuasiven Kommunikation. Synonym wurde der Begriff der politischen PR auch mit politischer Werbung oder Propaganda gleichgesetzt. Heutzutage muss die politische PR gleichermaßen als Dialogplattform verstanden werden, obwohl im engeren Sinne immer die Durchsetzung der politischen Interessen der jeweiligen Organisation angestrebt wird.[24]

Das Ziel der politischen PR resultiert aus der Zielsetzung einer Partei oder einer politischen Institution. Ziel aller politischen Organisationen, Parteien oder Gruppen ist die Ausübung staatlicher Macht. In einer Demokratie ist die Ausübung einer solchen Macht jedoch begründungspflichtig und zustimmungsabhängig. Folgerichtig bemüht sich jede politische Instanz um Legitimation für ihre Politik, die sie durch öffentliche Darstellung des eigenen sowie der Auseinandersetzung mit anderen Standpunkten erhalten.[25]

---

[21] Vgl. Schulz, 2008, S. 224.
[22] Bentele, 1997, zit. n. Leiner, (o.J.), S. 4.

[23] Vgl. Leiner, (o. J.), S. 4.

[24] Vgl. Schulz, 2008, S. 225.

[25] Vgl. Schweda, 1995, S. 46.

Aus der Ausführung zur Zielsetzung geht hervor, dass politische PR ein Spezialgebiet der Öffentlichkeitsarbeit darstellt. Hinzu kommt die Aufteilung in verschiedene Arbeitsgebiete, die wiederum unterschiedliche Instrumente verwenden sowie differenzierte Funktionen für die Akteure erfüllen.[26]

Auch lassen sich die Akteure politischer PR nach *Jarren und Weßler* (2002) kategorisieren. Der politische Akteur, dessen Begrifflichkeit in diesem Zusammenhang schon des Öfteren gefallen ist, kann zum einen im Regierungssystem, zum anderen im Wirtschaftsunternehmen und im intermediären System, d. h. in einer Interessengruppe, welche weder der Regierung noch der Wirtschaft zugeordnet werden kann, angesiedelt sein.[27]

Hinzu kommt, dass man unter politscher PR nicht unbedingt eine Organisation zu verstehen hat. Akteure politischer PR können Einzelpersonen, aber auch eine gesamte Organisation darstellen. Es wäre falsch anzunehmen, dass politische PR im Regelfall als eine organisierte Form (z. B. Presseabteilung) betrieben wird. Ebenso darf das Handeln einzelner politischer Akteure nicht reduziert werden.[28] Einzelne politische Akteure sind unmittelbar einzelnen Politikern unterstellt. Die Personalauswahl für diese enge Bindung ist mehr ideologisch-politischer und persönlicher als beruflich-professioneller Natur.[29]

Die Funktion der politischen PR, welche bereits oben angeklungen ist, konzentriert sich im engeren Sinne auf Informationsvermittlung sowie darauf, die Aufmerksamkeit der Öffentlichkeit gezielt auf Akteure (Politiker), Ereignisse, Probleme und Problemlösungen zu lenken. PR-Aktivitäten dienen politischen Parteien, Gruppen oder Politikern also dazu, die Aufmerksamkeit der Bürger, der Öffentlichkeit auf positive Phänomene zu lenken und von negativen abzulenken.[30] Zugleich lassen sich zwei Kernfunktionen festhalten, die PR-Stellen, bzw. PR-Akteure in ihrer Arbeitstätigkeit und in ihrem Umfeld wahrnehmen. Die Erste beschränkt sich auf den Beitrag, innerhalb einer politischen Organisation notwendige Informations- und Kommunikationsprozesse zu unterstützen. Die Literatur spricht in diesem Kontext von der sogenannten „Binnenkommunikation". PR-Akteure nehmen innerhalb einer politischen Organisation meist Analyse-, Beobachtungs- und Beratungsfunktionen ein. Hinzu kommt die

---

[26] Vgl. Leine, (o. J.), S. 4.

[27] Vgl. Jarren; Weßler, 2002, zit. n. Leine (o. J.), S. 5.

[28] Vgl. Bentele, 1998, zit. n. Leine (o. J.), S. 5.

[29] Vgl. Jarren; Donges, 2006, S. 231.

[30] Vgl. Jarren; Donges, 2006, S.231-232.

Kritikfunktion, welche sich auf die Vorbereitung geplanter poltischer Maßnahmen stützt, diese zusammen mit den Politikern auswertet und Politikerauftritte analysiert. Mit der zweiten Kernfunktion sind die Beobachtung der Organisationsumwelt und vor allem die Planung, Durchführung und Evaluation organisationsexterner Informations- und Kommunikationsmaßnahmen gemeint (Außenkommunikation). Die politischen Entscheidungen, welche sich aus den notwendigen Maßnahmen ergeben, müssen durch die politische PR akribisch auf unerwünschte Nebenwirkungen und Folgen überprüft werden.[31]

Interessant erscheint die Tatsache, dass Binnenkommunikation nur einem geringen Umfang durchgeführt werden kann, weil der Fokus aller politischen Organisationen bzw. politischer PR-Stellen eher auf die Außenwelt gerichtet wird. Dies ist auch der Grund dafür, weshalb Parteien oder im Allgemeinen politische Organisationen, die wiederum vielfach organisatorisch differenziert sind, über eine schwach ausgeprägte „corporate philosophy" verfügen. Nach außen muss dennoch das Bild der Geschlossenheit und des Konsens demonstriert sowie gezeigt werden. Unterschiedliche Meinungsbilder müssen innerhalb der politischen Organisation artikuliert werden. Diese Artikulation wird oberflächig von der PR-Stelle einer politischen Organisation geleitet. Meist wird diese Binnenkommunikation von einer politischen Führungspersönlichkeit bestimmt, weil die sie nur in einem geringen Maß von einer zentralen PR-Organisationseinheit gestaltet werden kann.[32]

Somit sei an dieser Stelle nochmals betont, dass die Konzentration der politischen PR innerhalb einer politischen Organisation nach außen gerichtet ist.

Inwiefern eine politische PR-Stelle bei der Vermittlung und Kommunikation mit den Medien vorgeht, welche Strategien genutzt werden oder wie sich der strategische Einsatz von Maßnahmen exemplarisch gestaltet, kann an dieser Stelle nicht beantwortet werden. Wie in der Einleitung bereits dargestellt, lässt der Umfang eine solche detaillierte Auseinandersetzung nicht zu.

Im nachfolgenden Kapitel, dem Fazit, werden die entscheidenden Punkte nochmals zusammengefasst und kritisch beleuchtet.

---

[31] Vgl. Jarren; Donges, 2006, S. 232-233.

[32] Vgl. Jarren; Donges, 2006. 233.

4. Fazit

Der Rückbezug zu der in der Einleitung aufgeführten Aussage *Gerhard Schröders* verdeutlicht dem Leser, dass die Aussage einen gewissen Teil an Wahrheitsgehalt in sich birgt. Wie erläutert wurde, nutzt die Politik die verschiedenen Ressourcen der Medienlandschaft, um Stellung zu beziehen bzw. ihre politischen Ansichten an die Öffentlichkeit zu tragen. Wiederum konnte aufgezeigt werden, dass die Medien die Politik gebrauchen, um ihre Ansichten der Geschehnisse dem Bürger zu offenbaren. Zur Beschreibung des Verhältnisses existieren unterschiedliche wissenschaftliche Ansichten und Ansätze, welche die Beziehungslandschaft zwischen den Medien und Politik zu charakterisieren versuchen. Eine genaue Kennzeichnung des Abhängigkeitsverhältnisses oder eine Antwort auf die Frage, wer die Oberhand hat, scheint zu komplex. Meiner Meinung nach ist eine solche Einschätzung immer abhängig von der jeweiligen Situation. Mal profitiert die Politik von der Informationsverbreitung durch die Medien, das andere Mal ziehen die Medien ihren Nutzen aus der Beziehung zur Politik.

Es reicht deshalb aus, prinzipiell von einer Symbiose zu sprechen. Wie aufgezeigt werden konnte, entspricht das Verhältnis zwischen Politik und Medien einer gegenseitigen Wechselbeziehung, in der die politische PR einen erheblichen Teil beiträgt. Auch wenn der Umfang dieser Ausarbeitung keine neue wissenschaftliche Erkenntnis liefert, die exakte Rolle der politischen PR innerhalb der Beziehung zwischen Politik und Medien zu definieren, so ist trotz allem deutlich geworden, dass die politische PR als Vermittlungsinstanz fungiert. Natürlich kann im Allgemeinen davon ausgegangen werden, dass die politische PR die Bestrebungen ihrer politischen Organisation bzw. des politischen Akteurs vertritt und umsetzt, dem sie angehörig ist. Die politische PR-Stelle einer Partei, eines politischen Akteurs oder einer politischen Organisation kann deshalb nicht neutral sein.

Inwieweit die Umsetzung politischer PR-Kampagnen oder PR-Strategien geschieht und wie sich die Arbeit bzw. die Kommunikation zwischen PR-Stellen und den Medien darstellt, konnte in der schriftlichen Ausarbeitung nicht gezeigt werden. Dies wäre ein weiterer Ansatz für zukünftige Auseinandersetzungen sowie Abhandlungen zu dieser Thematik.

Gerhard Schröder wurde als Medienkanzler gefeiert, denn er verstand es wie kein anderer, seine Politik mit den Massenmedien zu vermitteln.[33] Schenkt man auch dieser Aussage Glauben, so kann zum Ende dieser Arbeit mit Sicherheit davon ausgegangen werden, dass die politische PR-Stelle hervorragende Arbeit geleistet hat, damit eine solche Äußerung zustande kommt.

---

[33] Vgl. NDR-Fernsehen (2005): http://www3.ndr.de/sendungen/zapp/archiv/medien_politik/zapp2500.html. [Stand: 16.08.2010].

Literaturverzeichnis

Baumer, Harald: Wo Minister aus dem Nähkästchen plaudern. 2003. In Schulz, Winfried: Politische Kommunikation. Wiesbaden. 2008. S. 319.

Bentele, Günter: Aktuelle Entstehung von Öffentlichkeit: Akteure – Strukturen – Veränderungen. Konstanz. 2002. In: Leine, Dominik: Politische Public Relations. Gefahr für die Demokratie? PDF-Datei [online] URL: http://www.dominik-leiner.de/download/Politische_PR.pdf (o. J.). S. 4.

Bentele, Günter: Politische Öffentlichkeitsarbeit. Wiesbaden.1998. In: Leine, Dominik: Politische Public Relations. Gefahr für die Demokratie? PDF-Datei [online] URL: http://www.dominik-leiner.de/download/Politische_PR.pdf (o. J.). S. 5.

Böttger, Jan (2003): Politische Public Relations. [online] URL: http://www.diplom.de/Magisterarbeit-7947/Politische_Public_Relations.html [Stand: 17.08.2010].

Die Presse-com (2008): Regieren mit Bild, BamS und Glotze. [online] URL: http://diepresse.com/home/kultur/medien/412076/index.do [Stand: 16.08.2010].

Jarren, Otfried; Donges, Patrick: Politische Kommunikation in der Mediengesellschaft. Wiesbaden. 2006.

Jarren, Otfried; Weßler, Hartmut: Journalismus - Medien - Öffentlichkeitsarbeit. Wiesbaden. 2002. In: Leine, Dominik: Politische Public Relations. Gefahr für die Demokratie? PDF-Datei [online] URL: http://www.dominik-leiner.de/download/Politische_PR.pdf (o. J.). S. 5.

Leine, Dominik: Politische Public Relations. Gefahr für die Demokratie? PDF-Datei [online] URL: http://www.dominik-leiner.de/download/Politische_PR.pdf (o. J.).

NDR-Fernsehen (2005): Gerhard Schröder. http://www3.ndr.de/sendungen/zapp/archiv/medien_politik/zapp2500.html. [Stand:16.08.2010].

Schulz, Winfried: Politische Kommunikation. Wiesbaden. 2008.

Schweda, Claudia; Opherden, Rainer: Journalismus und Public Relations. Wiesbaden. 1995.